Meine Welt ist ein Traum meiner Seele.

Herstellung und Verlag: BoD - Books on
Demand, Norderstedt
ISBN: 978-3-7494-2002-5

UNTERWEGS UND NIRGENDWO

LYRIK

HARTMUT MOREIKE

Scheue Annäherung

Mondlicht blass
Sommerwind,
wir im Gras
vor Liebe blind.

Heiße Haut
von Hüllen frei,
wir vertraut
in Tändelei.

Hände zart
blindes Tasten,
was verwahrt
im Liebesfasten.

Verhalten Stöhnen
leises Brummen
beim Verwöhnen
mit den Zungen.

Atemlos jagen
Körper vereint
im Großen Wagen
Mond bescheint.

Die Traumfrau

Seit ich im Traum
die Frau gesehen,
die mein Herz berührte,
wie ein bunter Falter,
lebe, hoffe ich.
Seit dieser Zeit
liebe ich meine Träume
wo ich sie suche,
noch vergebens.
Doch eines Tages
werde ich sie finden,
nicht nur im Traum,
sondern irgendwo
auf der weiten Welt,
die nun mein Traum ist.

Ahrenshoop

Dunstig weben
Nebelschleier
Windflüchter
gespenstig ein,
auf den Buhnen
schläft ein Reiher
in der Sonne
erstem Schein.

Movenflug
mit Geschrei
über bunte
Fischerkaten,
Maler samt
der Staffelei
konnten kaum
den Tag erwarten.

Sandburgen
im Modderschlick
vor den Dünen
Bernsteinsucher,
Muschelherzen
Kinderglück.

Endlosstrand
und Dünenhafer
und der Geruch
von Salz und Fisch.
Blasentang
im Wellenschlag,
flacher Strand
Muschelsucher,
Kranichgesang.
Sonnenspiegel
weiße Wolken
untern Rietdach
Backsteinziegel.

Mövennbrut
im Strandhafer
auch versteckt
nackte Schöne
unter Schirmen
Malermusen
unbedeckt.

Abendglut
im Meer versinkt
weit entfernt
ein Segel blinkt.

In den Fluten
glitzernd rot
sinkt die Sonne
vor Ahrenshoop.

Hoher Himmel,
Sterneleuchten,
Wind wiegt Schilf
in sanften Wogen
und am Bodden
Irrlichter und
Moorgeister,
wie in alten Sagen
ungelogen.

Gedenkengedanken

Wenn Monde
auch und Tage
verfliegen
wie Sandstaub
im wilden Wind,
ich werde stets
im Wachen
und im Träumen
an dich denken,
mein liebes Kind.
Und war auch
vergönnt uns
nur eine Nacht
im All und
im Sternenflug,
die uns gebracht
das Wunder,
das auf ewig
uns vereint
über Räume
und Zeiten
und Welten.

Ferne nahe Ufer

Ein breiter Fluss
zwischen uns,
kein Boot
keine Brücke
und der Fluss
ist ein Strom,
der stürmisch
dahinfließt
wie mein Leben.
Unruhig und stetig
vom ersten Schrei
bis zum letzten
Atemzug.
Am anderen Ufer,
mein Schicksal
meine Liebe,
wohin mein Herz
sich sehnt.
An meinem Gestade
steiniger Grund
und dort drüben
blühen die Blumen.

Und ein Sonnenfeuer
zwischen den Kiefern,
wie das Lagerfeuer
wo wir uns trafen,
verwirrt von Gefühlen
die so neu waren.
Die erste Liebe,
der verstohlene Kuss
hingewischt nur
mit brennenden Lippen,
süßer als Honig
heißer als Feuer.
Unvergessen,
was dann geschah
in der Frühlingsnacht,
im Fliederduft
auf moosigem Lager,
als die Sterne
auf uns herab fielen.
Drüben am Ufer
wo mein Leben begann
und mein Sterben.

Roter Mohn

Bei Kursk,
da blüht prächtig
blutroter Mohn
auf dem Hügel.
Und seine Farbe
erinnert uns
an das Sterben,
als Stahl die Erde
bersten lies
und das Blut
Fallender
den roten Mohn
ertränkte.
Und unter dem
mohnübersäten
unschuldigen Hügel
liegt vielleicht
begraben
oder nur verscharrt,
der mir das
Leben einst schenkte.

Bittere Gedanken!
Doch wenn ich nun
irgendwo den
blutroten Mohn
im Wind blühend
schwanken sehe,
denke ich
an den Irrsinn
von Kriegen
und an alle die,
die unter dem Mohn
zu Erde werden.

Einen Strauß
blutroten Mohn
pflückte ein Mädchen
im Süden Russlands
und trug
die Blumen
zu den Hügeln
mit den Kreuzen,
unter denen ihr
Großvater lag.

Die Unnahbare

Sie trug einen roten Petticoat
und grüne Strümpfe im Mai,
sie verdrehte allen den Kopf
und sie lachte uns an dabei.

Sie war eine echte Blondine
mit Augen kornblumenblau
und ihre Figur so märchenhaft
wie die einer Meerjungfrau.

Ich küsst' ihre Sommersprossen
im Traum zart wohl tausendmal
und schickte ihr Liebesverse,
ihr Schweigen wurde zur Qual.

Sie sang im Chor stets solo
und tanzte gern ohne Pause
doch nach dem letzten Tanz
ging sie allein nach Hause.

In einer sündigen Mainacht
wie entlehnt aus einem Roman
vor meinem Bett ihr Pettocoat,
sie schlafend in meinem Arm.

Und ihre grünen Strümpfe
die waren nun mein Schal,
ich habe sie erst wachgeküßt
beim schönsten Sonnenstrahl.

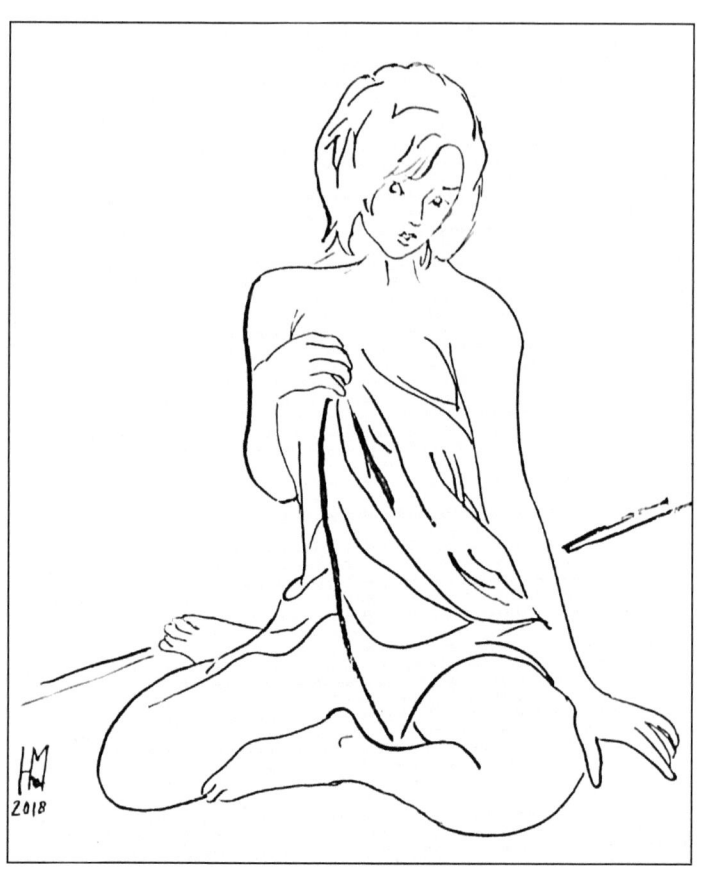

Unerwartet

Im Russland
nach dem großen Sterben
erwartete ich Hass nur
und traf Verzeihen.
Und wo einmal ein Dorf war
traf mich ein Lächeln
entwaffnend scheu.
Weit in Sibiriens
verlorenen Wäldern,
modern die Knochen
der Gulagvergessenen.
Mitten im Winter
atemgefrierend
traf mich die Liebe
heiß wie ein Blitz.
Und mit dem Schnee
schmolzen die Träume
Abschied und Tränen,
falsche Versprechen.

St. Anna

Staubgeflimmer
durch Bleiglasfenster
Zauber bunter Reflexe.
Unter dem Marmor
von Füßen zertreten
verborgen die Sarkophare
der vergessenen Stifter.
Schwanger die Luft
von Bienenwachs
und Weihrauchdunst.
Geschnitztes Gestühl
längst wurmzerfressen
umringt den Altar.
Im Turm die Tauben
sind schon ganz taub
vom Bronzeton
der alten Glocke.
Uralte Kirchen
schmücken die Dörfer,
sind nur noch Kulsse
der Smartgeneration.

Schlaflosigkeit

Wenn ich bei dir bin,
wachen wir die ganze Nacht.
Wenn du nicht hier bist,
bin ich schlaflos bis in den Morgen.
Wunderbare Schlaflosigkeit!

Schlaf, mein Engel,
träume von unseren Nächten
in den blauen Tag hinein
und in der Nacht
bist du wieder bei mir
in wachender Wonne.

Und wenn der Morgen graut,
übermannt dich der Schlaf,
lächelst du im Traum
die Hand auf dem Herzen,
das nun ruhig schlägt,
wo ich gefangen bin.

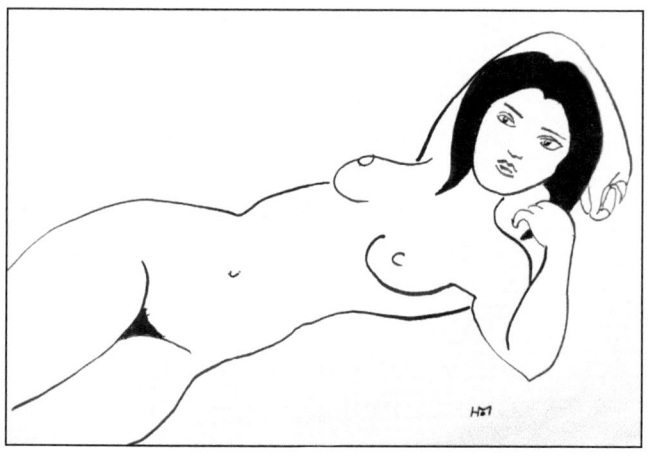

Nachts auf dem Arbat

Wir gingen vertraut
meine Liebste und ich
im Schein der Laternen,
im Schnee unsere Schatten
in des Mondes sanftem Licht.

In der Stille der Nacht
erklang in den Gassen
nur das Echo der Schritte
das vergesse ich nicht.

Mein Herz tanzte
in meiner Brust
und alles drehte sich,
als tanzte ich mit dir,
so in wilder Lust,
meine Duschenka.

Die Lider geschlossen
voller Vertrauen,
lagst du in meinen Armen,
ach du mein Seelchen,
zärtlichste aller Frauen.

Vor dem Puschkinhaus
flüstertstes du leise
seine unsterblichen Worte
von Herz und Schmerz
und dem Rätsel der Liebe.

Da mußt ich dich küssen
vor der verschneiten Pforte
des unglücklichen Poeten.
Erstaunen in deinen Augen
und heiß deine Lippen.
Doch wen hast du geküsst?
Ach Duschenka!

Mit deinen Lippen
den vollen krischroten,
galt die Zärtlichkeit mir,
die ich lang erträumt
oder küsstest du vielleicht
in Gedanken den Toten?

Die Flötenspielerin

Der Klang ihrer Flöte
entführt mich in Wolken
und mit den Tönen
wiegt sich ihr Körper
bebend in Harmonie.

Hellblaue Seide
zeichnet Konturen
sanft wie die Noten
fließend in Wellen
erregend und zart.

Gespitzter Mund
und geschlossene Lider,
wiegende Hüften
im Takt zu den Tönen
ganz eins mit der Flöte.

Klänge zur Extase
wogendes Mieder
und mit Leidenschaft
lockt sie und fleht,
bricht mir das Herz.

Sie spielt mit der Flöte
wie mit den Reizen,
öffnet die Lider und -
und lächelt mich an.

Zigeunermädchen

Durch felsige Schlucht
der Weg sich bahnt
und ein Rad ist zerbrochen
vom Musikantenwagen.

Am lodernen Feuer
erklingen uralte Weise
ach, wie schwermütig
seufzen die Gitarren.

Ein Zigeunermädchen
zum Stöhnen die Saiten
singt von der Lust zu leben
das so frei ist und schwer.

Samtschwarzen Augen
voll Trauer und Verlangen
unter schattigen Lidern
verlocken zum Bleiben.

Glut glimmt vom Feuer
und nah beim Lager
träumt oder wach ich
von Küssen beschenkt.

Am anderen Morgen
schlaftrunken sah ich
fort war der Wagen
auf staubiger Straße.

Ihr Lied ist verklungen,
doch überall seh ich
kohlscharzen Augen
voll Sehnsucht und Leid.

Volk der Zigeuner
ihr alle, Sinti und Roma
verfolgt in allen Zeiten
euch gilt mein Lied.

Wein der Liebe

Jahre, vom Wind getrieben,
verfliegen aneinandergereiht,
vom Leben ein Rest nur geblieben
doch der Wein der Liebe, er bleibt.

So mancher Kelch bis zum Rausche
ward getrunken im Überfluss,
doch nicht eine Stunde tausche
ich und nicht einen einzigen Kuss.

Der Wein der Liebe ist magisch,
macht trunken Herz und Verstand
und süchtig, das ist nicht tragisch,
weil Eros stets aufs Neue entflammt.

Doch erlöschen die Feuerwellen,
Glut glimmt mit schwachem Schein
und versiegt auch die Lebensquelle
ist nur Erinnerung der Liebe Wein.

Kranichzug

Oben hoch im Wolkenland
fliegt als Sonnenschatten nur
des Kranichzugs geordnet Band
nordwärts krächzend seine Spur.

Boten aus dem Kirschblütenland
rasten nur als Gäste hier
sind als Glücksvögel bekannt
balzen tanzend bei uns im Revier.

Schneeweiße Kraniche
gefaltet von Sadako, der Schülerin
die sterbend gestaltete das Papier
um zu leben, das war der Sinn.

Wer tausend Kranische faltet,
so eine japanische Legende,
erfüllen die Götter einen Wunsch,
und Sadako faltete behände.

Sie hoffte auf Heilung
zehn Jahre nachdem ein US-Pilot
die Stadt Nagasaki auslöschte
doch beim Kranich 1.600
erlag Sadako dem Strahlentod.

Im Rausch

Ich sah Dich einst
im All der Lust,
im Silbermond,
die schweren Lider
sanft geschlossen,
nur eine Träne
löste sich im Glück
und diesen Anblick
habe ich genossen.

Was ist Kunst?

Eine schwere Frage
auf die ich persönlich
trotz aller Gefahren
die Antwort wage.
Kunst ist ein Kosmos
eine eigene, neue Welt
erschaffen aus Fantasie,
Gefühl und Wirklichkeit
und oft ein Genuss.
Kunst ist auch Chaos
ein beflügelter Traum,
ist Himmel und Hölle,
auch Wildwuchs und
zartes Pflänzchen,
und manchmal Baum.
Kunst schmückt Leben,
wie Blumen im Garten,
bereichert die Seele
ist Nehmen und Geben.
Kunst ist Wonne
und Sinnlichkeit,
auch Erotik und
Spiegel des Lebens,
ist Luft zum Atmen
und auch eine Sonne.

Schwalbenschwanz

Sonnengelber Lüftesegler
fliegst den Lenz
uns zu bringen,
neidvoll sehen wir
müheloses Flügelschwingen,
welch friedliche Präsens.

Flatterhafter Blütenfreund
gaukelst taumelnd
Wind getragen
auf Samtflügeln
durch die Lüfte
Edelstein an Sonnentagen.

Wem gehört die Sprache?

Uns meinen die Lehrer
und Universitätsprofessoren,
doch zu den Hütern des Grals
haben sie sich selbst erkoren.

Auf das Konsonantentrio
waren sie sogar stolz darauf,
die Sprache zu verschandeln
mit Unsinnigkeiten zuhauf.

Unsere Sprache ihr Philister
gehört als Kulturgut allen,
lässt sich nicht vergewaltiigen,
will nicht in Armut verfallen.

Und alle guten Autoren,
die unsere Sprache pflegen,
entsagten eurem Unsinn
mit Grimms und Goethes Segen.

Das Deutsche ist lebendig
und muss sich stets enfalten,
doch ist es auch bitter nötig
seine Reinheit zu erhalten.

Das Lächeln

Ein Lächeln
erhellt selbst düstere Tage.
Dein Lächeln
zaubert den Regenbogen
in den Himmel
und ein Lächeln
war der Beginn unserer Liebe.

Lächle mich an,
meine Schöne und dein
Lächeln wärmt mir
mein Herz und kehrt zu dir
tausendfach zurück.

Und wenn du
beim Abschied
unter Tränen lächelst
werden ich mich,
auch wenn dein Bild verblasst,
an dein Lächeln erinnern.

Herbst

Ahonbäume sind verkahlt,
ihre Blätter farbenfroh bemalt,
segeln sanft zur Erde runter,
kälter ist es und auch bunter.

Erntefest in allen Orten,
Äpfel reifen süße Sorten,
Maler Herbst streift durch die Flur,
in den Schlaf fällt die Natur.

Dunkle Wolken bringen Regen,
dem ausgedörrten Land ein Segen
und in der Spinnen kunstvollem Bau
glitzert bizarr der Morgentau.

Unter dem Abendstern

Ich träumte untern Abendstern
im Gras nicht ganz allein,
ein sprödes Mädchen bei mir lag
im sanften Mondesschein.

Beim Küssen schloss sie ihre Lider,
die Lippen weich und offen,
ihr Herz schlug heftig in dem Mieder
mich hat ein Blitz getroffen.

Doch als dann ihre Bluse fiel,
es steigerte mein Sehnen,
netzten meine freche Hand
der Schönen heiße Tränen.

Ich sah hinauf zu meinem Stern
und hab die Schöne in der Nacht
obwohl mich Amors Pfeil verletzt
als Jungfrau nach Haus gebracht.

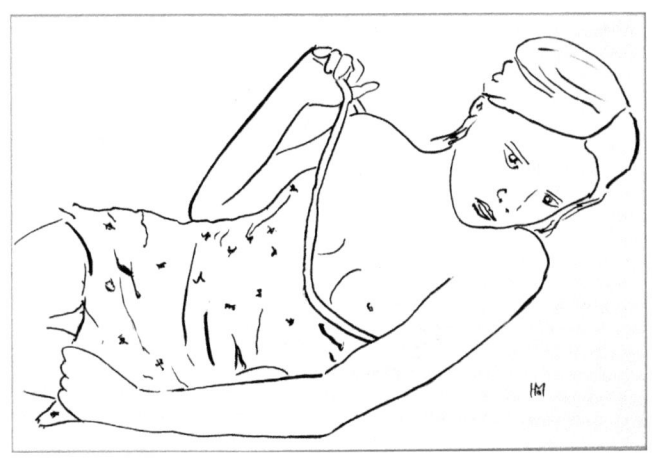

Venedig

Blasse Sonne
schönt Venedig,
Touristenwonne
Postkartenblick.

Wasserlachen
auf St. Markus,
Gondelnachen
im Überfluss.

Rialtobrücke
ächst schwer
ohne Lücke
Touristenheer.

Gondoliere
traditionsbewußt,
der Stadt zur Ehre
Gesang mit Lust.

Marode Paläste
Dogendenkmal,
Wände durchnässte
an jedem Kanal.

Gurrende Tauben
auf der Piazza
Besuchertrauben
füttern ein paar.

Veneziens Löwe
auf Pidestahl
lachende Möwe
auf Gondelpfahl.

Drangvolle Enge
in den Gassen
Tavernengedränge,
Luxusbarkassen.

Muranoglas
falsch und schön,
Fernostkameras
Motive versöhn.

Canale Grande
spiegelt Idylle
knüpft blaue Bande
bar jeder Stille.

Paläste zerfallen
die Poeten gepriesen
vor den Kanälen
weiße Ozeanriesen.

Gondeln in Trauer
in der Lagune,
Mythos überdauert
sinkende Kommune.

Nachhauseweg

Auf dem Alexanderplatz,
da unter der Weltzeituhr
traf ich einst meinen Schatz
kurz vor dem Abitur.

Sie trug ein lichtes Kleid
und man sah ihre Figur
sowie ihre Äpfelchen
kurzum, ihre ganze Natur.

Im dunklen Kinosaal,
wir machten auf Kultur,
küsst ich sie tausendmal
von Zierde keine Spur.

In ihren dunklen Straßen
mein Herz pochte in Aufruhr
konnt ich es nicht fassen,
stellte sie sich plötzlich stur.

Ich machte Komplimente
ehrlich und mit Bravur,
da hatte ich meine Talente
bis in ihrem Hausflur.

Maya

Maya war eine Zauberfee als Ballerina
und nicht etwa irgendeine,
sondern eine überall gefeierte Prima,
eine Tänzerin wie sonst keine.
Als Elfjährige schon tanzte sie
im Bolschoi im „Dornröschen",
das Ballett von Pjotr Tschaikowski,
das zarte Mädchen
mit den smaragdgrünen Augen
und den feuerroten Haaren.

Als sterbender Schwan
zur Ballettlegende geworden
krönte sie ihre Laufbahn
bekam Heiratsanträge und Orden.

Die Bühnen der Welt sahen sie
Gleichzeitig als Odette und Odile
In „Giselle" ihrer Lieblingspartie
ein übermenschliches Spiel.

Erst mit einundsiebzig Jahren
zog Maya die Spitzenschuhe aus,
bewundert, geehrt und verliebt,
überschüttet mit Rosen und Applaus.

Der Sprayer

Auf Moskaus Straßen und Gassen
hat man unübersehbar
riesige Tafeln aufstellen lassen.
„Rettet die Tiger" sind sie beschrieben
und das scheint bitter nötig,
denn es sind nur wenige geblieben.
Doch ein kühner kleiner Wicht
hat nächtens darunter gesprayt:
„Aber vergesst die Menschen nicht!"

Es war kein Traum

Nein, niemand träumte nur
von verbrannter Erde
und SS-Massaker in Oradour.

Vielleicht gab es keinen Krieg ...
Und die Leute träumten nur:
Von Berlins Bombennächten
und auch Dresdens Hölleninferno
aus Bomberschächten.

Die Hinrichtungen und
Konzentrationslager,
Lampenschirme aus Menschenhaut
Khatyn und die Massengräber
und die jubelnen Massen
für den totalen Krieg, die Ja-Sager
all das gab es nicht?

Vielleicht auch keinen Krieg
und Vater hatte ist nicht gefallen
in fremder, verbrannter Erde,
geschändet von Deutschen
mit dem Traum vom Endsieg?

Das Warschauer Getto
oder IG-Farbens Giftgas Zyklon B
und Gestapomorde in Paris
das Fallbeil in Plötzensee
waren alles nur ein Traum?

Und alle Kriegsverbrechen
wie Leningrads Hungertod,
die Krematoriem von Auschwitz,
die todbringenden Versuche
an den Frauen in Ravensbrück,

All das ist unsere Geschichte,
doch auch unser Leben,
unsere Last und Versprechen
vor den Gehenkten, Erschossenen,
Verhungerten,
vor Toten, Waisen und Witwen
alles, ja alles dafür zu geben,
diesen Kreislauf zu brechen
und allen Träumern von Kriegen
für immer das Handwerk zum legen.

In deinen Armen

Sie sind weich
und zärtlich zugleich
deine Arme,
wenn sie mich umfangen
voller Verlangen.
Mit dir zu spazieren
Arm in Arm
ist voller Magie
und warm bis ins Herz.
In deinen Armen
fühlt' ich nie Schmerz
und lernte leben,
fühlte deine Kraft
und auch dein Beben
wenn unsere Körper
eng umschlungen
nackt und eins waren
und ungezwungen
ins All flogen.
In deinen Armen
begann mein Werden
und in deinen Armen
möchte ich sterben.

Regenbogenträume

Wimpern weben Zärtlichkeit
Zöpfe der Glückseligkeit.
Brüste hell im Mondstrahllicht
Zauberschatten im Gesicht.

Herzschlag streichelt Haut
zärtlich Regenbogens Braut.
Abendwindes frecher Kuss
auf heißen Leib der Venus

Die Nacht in Dunkeltönen
Stunde des Verwöhnens.
Brücken zwischen Händen
Annäherung der Lenden.

Schlaflos Atem lauschen
und sinnloses Berauschen.
Doch Morgenstundes Sonne
löscht Traumes Wonne.

59

Müdigkeit

Ich suche Vergessen
und ich liebe die Stille.
Doch beinahe ertrinkend
in den Wellen des Alltags
ermüdet, flieht der Schlaf.

Die Leier zerschlagen
der rebellischen Lieder,
ist nun jedes Glas Wein
wie ein Becher mit Galle.

Im alten Dichterland
sind des stolzen Pegasus
Flügel zerbrochen,
sprachlos die Poeten
wo der Halbmond scheint.

Stumme, taube Musemane
bedrücken die Heimat
und ich bin gefangen
in schwarz-dunkler Finsternis,
lausche die Stille.

Abschiednehmen

In der Gräber stillen Hain
schläft die erste Liebe mein,
neigt die junge Trauerweide
mitfühlsam die grünen Zweige,
fliegt herbei die Nachtigall
weiß nichts von dem Todesfall,
doch ihr Lied wie ein Gebet
klingt wie von Schmerz durchweht.
Und das Marmorherz so bitterkalt
über ihr, der meine Liebe galt.

Mallorca

Olivenhaine,
schwarze Schweine,
Mandelbäume,
Urlaubsträume.

Perlenmanufakturen,
alte Kirchturmuhren,
Kartoffelfelder,
Pinienwälder.

Trockenmauern,
Gemüsebauern,
verträumte Buchten,
tiefe Schluchten.

Malrquiner Küche,
feinste Gerüche,
grüne Golfidylle,
schattige Dörferstille.

Antike Wachtürme,
heftige Herbststürme,
Endlosstrände,
Sonnenbrände.

Segelfahrten,
Kaninchenbraten,
Markttradition,
Touristeninvasion.

Meersalinen,
Apfelsinen,
Mandelblüte,
Wassergüte.

Meeresfrische,
bunte Fische,
Werbeposter,
Bergkloster.

Was ein Lied ist

Ein Lied ist,
was das Herz berührt,
ein Lied ist,
dass dich verführt,
ein Lied ist,
das auf seine Weise
dich mitnimmt auf eine
geheimnisvolle Reise.

Zum Andenken an Charles Asznavour

Wer bin ich?

Es ist die Frage
aller Fragen,
die ich zu stellen
mir kaum wage,
und die mich
so manche Nacht
um den wohlverdienten
Schlaf gebracht.

Ein kluger Kopf
Für den du dich hällst,
ein armer Tropf,
der niemals beißt
und stets nur bellt?

Du bist bestimmt kein Patriot,
der sein Land über alles hält,
eher ein rastloser Idiot,
ein Wanderer durch die Welt.

Ein Suchender, jedoch wonach,
neugierig lernend ganz bestimmt
sich an jedem neuen Tag
Zeit für Ruhe und zum Denken nimmt.

Stille

Der Petersburger Morgen
dämmert rosa herauf
am Ufer der Newa
und Tropfen des
nächtlichen Taus
netzen Blätter und Bänke
des Sommergartens.

Die Vögel grüßen
mit Gesang den neuen Tag
und von irgendwo her
erklingt Musik,
Pjotr Tschaikowskis
unsterbliche Noten.

Und dann plötzlich Stille,
absolute Stille,
das Beste, was ich
in dieser ruhelosen Welt
jemals gehört habe.

Der Dämon

Als ich in diesen Wochen
unter bösen Schmerzen litt,
ist mir der Mut gebrochen,
kamen Depressionen mit.

Der Dämon kommt jede Nacht
und wenn ich mit ihm ringe,
hat er mich ausgelacht,
ein Ritt auf des Messers Klinge.

Lied vom Vergessen

Hinter der Stirn
das Gehirn
ist mit den Jahren
darauf versessen
alles Wichtige
und Unwichtige
sowie gemachte Fehler
allzugern zu vergessen.
Zur gleichen Zeit
ist es immer bereit
dem eigenen Leben
mehr Glanz zu geben.
In so manchen Stunden
sind Geschichten erfunden,
so oft und so klar
dass ich mich frage,
ist das Lüge oder wahr?

Dein Bild

Du blickst mir
aus deinem Bild
so oft entgegen
und ich hätte an dich
noch so viele Fragen
und wollte dir
noch so vieles sagen.
Doch dein Bild
Bleibt stumm
und verblasst
Nicht in meinem Herzen,
aber hinter Glas.
Zum Abschied
haben wir uns
nicht einmal geküsst,
was mich traurig macht,
nicht zu entschuldigen ist.
Aber es ist wie es war,
jeder Moment mit dir
war wunderbar.
Du bist das Geheimnis
meines Lebens.

Weltenbummler im Gras

Auf dem Rücken zu liegen,
im Gras sich zu wiegen,
in den Himmel zu starren,
einfach der Dinge zu harren,
sich nur treiben zu lassen,
dabei die Welt erfassen,
an deine Küsse zu denken,
wie an teuren Geschenken,
nie den Sommer zu vergessen
in dem wir uns besessen

Wortspiele

Träume sind das,
was man jagt,
Angst aber das,
was einen plagt.

Jugend ist das,
was ein greibt,
Widerstände das,
woran man sich reibt.

Liebe ist das,
was jederman sucht,
denn Einsamkeit ist,
was man verflucht.

Talent ist das,
was einem nüzt,
Natur hingegen,
was man schützt.

Luft ist das,
was nichts kostet,
Stahl gibt es,
der nicht rostet.

Neugier ist das,
was uns beflügelt,
Vorsicht jedoch,
die uns zügelt.

Bilder sind die,
die uns erfreuen,
Fehler alle jene,
die wir bereuen.

Lieder sind die,
die uns berühren,
Vollmondnächte,
die uns verführen.

Presse ist oft das,
was manipuliert,
Moral und Ehre,
was alle ziert.

Flüchtige Liebe

Deine Liebe
war wie der Wind
kaum hat sie mich berührt,
war sie schon wieder fort,
mein schönes Kind
und müßig zu erwähnen,
dass meine Augen
traurig waren und blind
durch Tränen.

Die verschlafene Fee

Sie hatte wohl seit Mitternacht
mit wilden Kobolden
bis in die Frühe durchgemacht.

So schlief sie ein ungeweckt
unter meinem Maulbeerbaum,
bis sie vom Sonnenstrahlt geneckt.

Woher sollten Feen auf Erden
wissen, dass zweimal im Jahr
die Uhren umgestellt werden.

Erschrocken und traumbenommen
Flog sie auf Seidenflügeln fort
Und ist niemehr zurückgekommen,

Das Doppelleben

Ach was habe ich
den Kummer ertränkt.
an Tagen verschenkt,
mit Mädchen vertändelt.

Nun tickt für mich
die Uhr immer schneller,
die Gedanken oft düster,
der Kopf aber wird heller.

Und wie es auch war,
es ist zum Lachen,
mein zweites Leben,
würde ich genau so machen.

Venus unterm Apfelbaum

Unter einem Apfelbaum
stand eine junge Maid.
Sie war schön wie ein Traum
im blüteweißen Kleid.

Die süßen Früchte in dem Korb,
sie waren rund und schwer,
und glichen den im Mieder dort
und weckten mein Begehr.

Sie lächelte recht verlegen
den roten Apfel in der Hand
und reichte mir verwegen
der Sünde allererstes Pfand.

Ihr Röckchen hob ein Windstoß
kein Höschen war zu sehn,
ich sah ihren Marmorschoß,
da wars um mich geschehen.

Im Gras unter dem Apfelbaum
zart küsste ich ihre Tränen,
sie umarmte mich im Vertraun
und auch mit Liebessehnen.

Den roten Apfel bissen wir
von beiden Seiten an,
die Lippen trafen sich voll Gier
das war uns wohlgetan.

Als wir im heißen Liebesspiel
so in das Gras dann sanken
und auch ihr Jungferngürtel fiel,
da gab es keine Schranken.

Die kleine Venus hüllenlos
senkte verschämt die Lider,
ich spürte ihren heißen Schoß
und sank auf sie hernieder.

Gott Hymen fiel im Schmerz,
dann folgte süße Lust
und ihr so pochend Herz
lag eng an meiner Brust.

Das süße kleine Äpfelpaar
bedeckt mit Liebestau,
die fremde schöne Jungfrau war
nun eine lusterweckte Frau.

Seh ich nun einen Apfelbaum
an irgendeinem Platz
denk ich an meinen Tagtraum
und auch an dich, mein Schatz.

Meine Welt - für A.A.

Du bist die Welt
für mich,
auch wenn es Dir
zu groß erscheint,
so bist Du das,
was sich für mich
zur ganzen Welt
vereint.

Unvergessen

Nie ist der erste Kuss vergessen,
niemals die schlaflose Nacht enteilt,
da wir die ganze Welt vermessen
zum ersten Mal das Kopfkissen geteilt.

Der Mond sah zu, wie wir uns küssten
und sich erfüllte unser Sehnen,
auch aus dem All die Sterne grüßten,
und bei Amors Spiel flossen die Tränen.

Die Zeit ist viel zu schnell verflossen
und bis der Hahnen Schrei ertönte
haben wir jede Sekunde genossen,
wo uns das Liebesspiel verwöhnte.

Im Licht der Kerzen war zu schauen,
was die Schöpfung so hervorgebracht,
deine Gestalt wie in Marmor gehauen,
womit du mich so willenlos gemacht.

So bitter der ist Abschied gewesen,
schon längst bin ich kahl und ergraut,
nie bin ich von der Sehnsucht genesen
nach deiner Haare Duft und der Haut.

Altersweisheiten

Neigt sich der Regenbogen
des Lebens
sich der Erde wieder zu
und im Flatterbild
des Strebens
wächst die Sehnsucht
nach Vergessen und
nach Ruh.

Schrumpft die Welt zum Molekül,
erlischt auch das Zeitgefühl,
verschwimmen Bilder und Gestalten,
verglühn die Tage ohne Halten.

Die Prüde

So schön sie war,
so war sie prüde,
wohl an die zwanzig
und noch ungeküsst,
aus Marmor schien
ihr schlanker Leib
ein Venusexemplar.

So rot ihr Haar
und grün die Augen,
wie Seen im Wald
so tief versteckt,
die Lippen voll,
rot wie der Mohn
und weißer Zähne
Perlenschar.

Geschnürt im Mieder
halbrund und fest
die beiden Äpfelchen,
schneeweiß die Haut
und rein die Stimm,
wie eine Nachtigall
sang sie der Liebe Lieder.
Doch dann im Mai
ich war so frei:
Venus war verstört,
doch Amor erhört.

Roter Mohn

Rot wiegt der Mohn
am Weizenrain
im Sommerwind
und weht die Blätter
von den Blüten.

Silber der Mond
auf deinem Leib
im Ährenfeld
in lauer Nacht
von Eros verführt.

Mohnrot die Flecken
im grünen Gras,
und dein Schoß
nach dieser Nacht
an Früchten reich.

93

Lob der Faulheit

Auf dem Rücken zu liegen,
im Gras sich zu wiegen,
in den Himmel zu starren,
im Nichtstun verharren,
Gedanken treiben zu lassen,
die Welt so zu erfassen,
an deine Küsse zu denken
wie an teuren Geschenken,
ohne den Mai zu vergessen,
voneinander besessen.
Als wir das ich vergaßen

Auf der Wolga

Sehnsuchtsvoll
die Lieder klingen
übers stille Wasser
schallt die Melodie,
und die Mädchen,
die dort singen
fremde Worte
nah wie nie.

Regungslos
Fischer lauschen
himmlich Stimmen
Engelsgesang,
prallvoll die Netze
goldner Karauschen
alle verzaubert
von diesem Klang.

Taunass
sich die alte Weide
beugt zum Mond
im silber Fluss,
sie verneigt sich
zu der Weise
ehrentbietend
ist ihr Gruß.

Nimm dich in Acht

Liebesnacht
durchgemacht
und gewacht
unter Sternepracht
bis Mitternacht.
Unbedacht
Lärm gemacht,
Gier entfacht,
Venus verlacht,
Opfer gebracht.
Spät aufgewacht
mit Verdacht
Fehler gemacht
Chaos verursacht.
In Maiennacht
Amor erwacht,
nimm dich in Acht.

Wer mit dem Schwert
nach Russland kommt

Nicht mal die Hunnen
haben einst
der Russen Stolz
gebrochen,
und auch Napoleons
Grand Armee
ist tot und krank
durch Schnee und Eis
nach Hause und Paris
zurück gekrochen.
Der Deutschen
Blitzkrieg
dann erfror
im Frost vor Stalingrad.
Und schon wieder
singt ein deutscher Chor
das Lied vom
Feind im Osten.
Glaub nicht die falsche
Rattenfängermelodie,
deutscher Soldat,
es wird ganz sicherlich
nicht nur dein
Leben Kosten.

Salzburger Klänge

Meine heißen Tränen fließen
und ergießen
sich über die Wangen,
eingefangen
von unsterblichen Noten
eines großen Toten.

Meine Augen fest
geschlossen
und jeden Zauberton
genossen,
ist im Regenbogen
die Seele davongeflogen.

Mit dem Verstand nicht
zu fassen
ist mein berührtes, verführtes Herz
ganz Mozart überlassen.

Poesie für Instrumente
und die, die sie spielen
musikalische Akzente
voll mit Gefühlen.

Was Mozart fertig bringt,
dass man die ganze Welt
um sichvergißt,
seine Musik
die Seele durchdringt,
dann glaubst du,
dass du unsterblich bist

Wenn seine Konzerte und Opern
erklingen
und sie mein ganzes Ich
durchdringen,
wo auch immer diese Poesie in Noten
erwacht,
blüht das Leben, wird geweint, geliebt
und gelacht.

103

Deine Briefe

Wenn ich alt und grau
und voller Schlaf bist,
und am Feuer einicke
nehme ich deine Briefe,
Uund ich lese sie langsam
und immer wieder,
träume vom sanften Blick
deiner Augen.

Wie viele Momente
haben wir uns geliebt,
Ich liebte deine Schönheit,
den Geruch deiner Haut
und deine Worte,
im Sternenflug
ob sie echt waren
oder falsch.

Ich sah die Sorgen
in deinem Gesicht,
das Fremde in dir
und Traurigkeit,
als du bei mir
so fern wars't,
eh die Liebe uns floh.

Ich lese deine Briefe
und träume
von unsrere Jugend,
von Sorglosigkeit,
von Küssen und Beben,
Verlangen und Geben
und suche dein Gesicht
inmitten der Sterne.

Ich lese, bis die Zeilen
verschwimmen
und die Tränen
mischen den Wein
mein Bild im Glas
zerrinnt wie die Zeit,
als Briefe kühner waren
als Worte.

106

Allas Moskau

Kremlkirchen goldbedacht,
Zarenglocke nie erklungen,
hohe Zinnen halten Wacht
rote Sterne längst gesprungen.

Heilig ruht der Zarenboden,
lauthals Krähen Kreise ziehn,
vor Denkmäler aus Perioden
feuerrot die Rosen blühn.

Zar Weliki weiß und schlank
überragt das Herrscherschloss,
seiner Glocken mächtger Klang
schweigen, wieviel Blut hier floss.

Bronzen blinkt auf der Lafette
Zar Puschka, die Gigantkanone,
niemals geschossen als Statuette,
ihr gebührt die Friedenskrone.

Kremlfeste unbezwungen,
Schönheit hier in Stein gebannt,
Russlands Herz so vielbesungen
ist der Liebsten Heimatland.

Puschkins Liebe

Er liebte sie
mit des Poeten
ganzem Feuer,
ob Zofe, Dirne
Kammerfrau,
doch niemals
war einer treuer
und verschenkte
seine Gunst
trotz aller
zärtlich Liebeleien
nur Euterpe,
der Muse seiner Kunst.
Als Trost für
alle einst Geliebte
machter er
unsterblich sie,
mit zärtlich schönen
Dichterworten
innig bedacht
mit unvergänglicher Poesie.

Dein Bild erwacht

Wenn die Sonne wandernsmüd
hinterm Horizont verschwindet
und in rabenschwarzer Nacht
mich die flüchtge Liebe findet,
frage ich an fremder Brust,
was uns zwei noch verbindet?

Wenn die Morgenröte hellt
schon den fernen Horizont
und der Amsel Lied erklingt,
fehlt dein Lächeln wie gewohnt,
ist dein Kissen unberührt,
doch ich trag noch deinen Ring.

Wenn der Tag ist aufgewacht,
weiße Wolkenturmhoch ziehn,
fällt ein goldner Sonnenstrahl
auf dein Abbild an der Wand
und vom zarten Licht erhellt
wars lebendig mit einem Mal.

111

Bei Manneken Pis

Brüssels Markt
stolz geviert
Gildehäuser
goldverziert.

Henkerpforte
wohlbekannt
ist des Rathaus
Standesamt.

Feinste Spitzen
gibt es hier
lecker Fritten
und starkes Bier.

Nach Brauerfleiß
altem Gewerbe
ist Belgiens Bier
Weltkulturerbe.

Belgiens Pralinen
kennt die Welt,
Jean Neuhaus
hat sie hergestellt.

Ardenner Schinken
würzig und zart,
als Glücksbringer
gilt Buls Bronzebart.

Der Triumphbogen
im Jubelpark,
Chinas Pavillon
noch sehr apart.

Neun Kugeln
vom Atomium
sind das Symbol
fürs Milenium.

Ein Bronzekerl
klein und bloß
entzückt Touristen
wo Wasser floss.

EU-Quartiere
wie Ungeheuer
sind sehr oft leer
doch dafür teure.

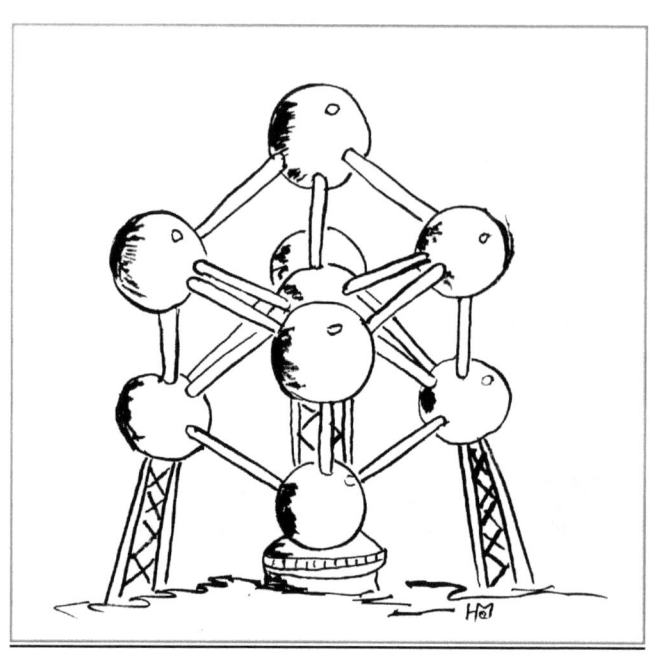

Troikaglöckchen

Glühend Abendrot
kündet die Nacht,
noch weit ist das Ziel
und unter den Hufen
der Troika tanzt sacht
der staubige Lehm
des endlosen Weges.

Wiesen und Felder
fliegen stumm vorbei
und vom dichten Hain
drohen dunkle Schatten.
Sehnsucht weckt
der Glöckchen Klang
bei der roten Sonne
allerletztem Schein.

Feuchter Nebel
wallt von den Fernen
jeder Laut verstummt,
nur das wehmutvolle Lied
der Troikaglöckchen
trägt der kühle Wind
bis zu den Sternen.

Sternschnuppenreise

Der Norgen im Dunkel
und in den Sternen
wie der Welten Gefunkel
in astronomischen Fernen.

Ich bin ein Wanderer,
der auf Sternschnuppen reist,
in die Welten anderer,
aus Gluten und Eis.

Birke im Schnee

Schlanke Birke,
du wunderschöne,
Väterchen Frost
hat in der Nacht
dich besucht
und nun stehst du
in weißer Pracht.

Schwere lastet
auf zarten Zweigen
Kristalle aus Eis
und zwingen dich
dein stolzes Haupt
vor dem Winterzar
tief zu verneigen.

Golden steigt
die Sonne auf,
überschüttet dich
mit heißem Glanz
und deine Tränen,
kalt und silberklar
netzen mein Gesicht.

Anatomie d´ amour

Deinem Marmorleib,
mein liebes Kind,
gilt dies Gedicht
und deinen feinen Gliedern.
Die Anmut feengleich
vergess ich nicht,
die preis ich gern
mit meinen Liedern.

Der Schwung des Halses
schwanengleich
wo ich ganz unverholen
trotz schwachem Protest,
denn der war nur gespielt,
so machen Kuss gestohlen.

Des zarten Busens
rosige Knospen,
sie schimmerten
unter der feinen Seide,
und so manche Nacht
im vollen Mondeslicht
sah ich dann alle beide.

Und deinen Venusgarten,
mein liebes Kind,
hät ich so gern begossen,
trotz aller Küsse
wilder Leidenschaft,
der Garten aber,
er blieb mir verschlossen.

Warten

Du weisst wie das ist,
es gibt Zeiten,
da kann ich nichts tun
außer an dich
zu denken.
Wann kommst du?
Ich bin gelähmt
im endlosen Warten
und Schmerzen
martern Hirn und Herz.
Oft glaube ich
das ich verloren bin
und vergessen für immer,
bis du endlich
bei mir bist
und mich umpfängt
mit deinem Parfüm
der sanfte Hauch
deiner Liebkosungen.

123

Brügges Beginen

Ein stiller Hof,
die weißen Häuser
im Geviert
und eine Kirche
ohne Schmuck,
die Beguinen
längst schon tot,
sie haben mich
hierhergeführt.
Sie lebten arm,
in bittrer Not,
die frommen Frauen,
sie pflegten Kranke,
wuschen Leichen
mystisch verklärt
und oft verfolgt,
als Ketzerinnen
höchst verdächtig
und verbrannt,
sie pflegten Kranke,
wuschen Leichen,
und leisteten
den Dogmen,
ja selbst dem Papst
Widerstand.

Der Fluss des Lebens

Hineingeboren
in des Lebens
sanfte Quelle,
vom leisen Bach
schwellend zum Fluß
der Jugend
unruhigen Lauf.
Ufer überflutend,
Dämme brechend,
nach tobenden Wellen
folgt ruhiges Wasser
in breitem Bett.
Im Strom der Dinge
mitgerissen,
mal fast ertrinkend,
dann schwimmend
und getragen
von den Fluten
unbändigen Wassers
im Fluss der Zeit.
Wie Ebbe und Flut,
so strömt die Zeit
verschwimmen
die Jahre und
die Erinnerungen,
versinken im Meer
des Vergessens.

Trau keiner Fee
Am kleinen See
ein junger Angler
war eingeschlafen,
entstieg dem Wasser
eine schöne Fee
und wollte den
Unhold nach Nixenart
hart bestrafen.
Es war schon weit
nach Mitternacht
der Große Wagen
blinkte fern,
da ist er aufgewacht
und sah mit Behagen
das nackte Wesen
wie von einem
anderen Stern.
Als sie den Angler
so erwacht erblickte,
der nur all zu gern
sich an dem Zauberkind
schamlos entzückte
sprang sie in den See
und er,
er folgte ihr blind.

128

Berauscht

Hoch in Georgiens Bergen
kehrt' ich in ein Gasthaus ein,
da saßen die alten Männer
und tranken den hellen Wein.

Ihre Reden waren glühend
es war nicht das erste Glas,
die Toaste von Witz sprühend
und auch von derbem Spaß.

Ein Engel mit dunklen Augen
brachte Wein mir im Krug,
er sei von den besten Trauben
ich lehrte ihn Zug um Zug.

Als die letzten Gäste gingen,
es war kurz vor Mitternacht,
mein Herz wollte zerspringen,
da hat sie mich ausgelacht.

Die schlanke Figur war zum Malen,
das sah ich im Kerzenlicht,
mit Küssen durft ich bezahlen,
den Trank und auch das Gericht.

Georgiens Bräute und Reben,
sind in aller Landen heiß begehrt,
sich ihnen ganz hinzugeben,
das ist Leben und lebenswert.

Mein Moskau

Versteckte Höfe, so verträumt,
Bulevards recht behäbig breit
und von Verkehr umschäumt
der alten Kirchen Schönheit.

Der Moskwafluss vereist,
er ist erstarrt in Schleifen,
am Arbat Puschkins Geist
und Bulawas Streifen.

Die Kremsterne blinken
im Abendsonnenglanz
und GUMs Auslagen winken
edel mit russischer Eleganz.

Im Alexandergarten
da ist ein Feuer entfacht,
dort wo Verliebte warten
der Helden wird gedacht.

Giselle und Schwanensee,
das klassischste Ballett,
auf dem Bolschoi im Schnee,
die Pferde im Quartett.

Giselle und Schwanensee,
das klassischste Ballett,
auf dem Bolschoi im Schnee,
die Pferde im Quartett.

Siebzehn

Wir waren erst siebzehn Jahre
und träumten von Liebe und Freiheit,
wir trugen recht lange Haare
und verfluchten unsere Schulzeit.

Wir trugen die Jeans recht eng,
weit waren die Röcke der Mädchen,
jeder Tag, jeder Kuss ein Geschenk
von Julia, Jutta und von Gretchen.

Elvis Presley war unser Held,
wir tanzen den Rock ohne Pause
und hatten niemals viel Geld,
doch spät erst war'n wir zu Hause.

Unser Leben glich einem Roman,
so stürmisch und dramatisch,
die Gefühle brachen sich die Bahn,
als Revoluzzer waren wir politisch.

Wir lebten ungebunden jeden Tag,
liebten uns unschuldig ohne Reue,
und sagten, was auch kommen mag
wir halten dieser Jugend die Treue.

Morgenlied

Ich ging in aller Frühe
noch eh das Dorf erwacht,
sie ließ mich fort mit Mühe
und hat mich angelacht.

Sie hatte ihre Haare
ganz kupferrot gefärbt,
für ihre sechszehn Jahre
war sie schon recht verderbt.

Ich sah sie im Park flanieren,
im weißen Spitzenkleid,
ich wollte sie nicht verlieren
und folgte ihr ziemlich weit.

Und hinter ihrem Rücken,
mir wurde heiß und kalt,
verschlang ich mit Blicken,
die zauberhafte Gestalt.

Und in den engen Gassen,
hab in den Arm sie genommen
sie hat es geschehen lassen,
mein Glück war vollkommen.

Wir kamen zu ihrem Garten,
da versprach die süße Venus,
ich sollte den Abend erwarten,
mit Ehrenwort und mit Kuss.

Und unter dem Abendstern
hat sie sich ganz enthüllt,
von Seide und recht gern,
mir manchen Traum erfüllt.

Ich war von ihr gefangen
bis zu der Morgensonne,
und stillte das Verlangen
der ersten Liebe Wonne.

Ihr Herz tat sie mir schenken
und ihrer Jugend Glieder,
stets muss ich an sie denken
und sah sie nie, nie wieder.

Die Eiche im Park

Als wir jung und verliebt waren,
schnitten wir ein Herz in die Rinde
und nun nach vielen Jahren
führt mich die Erinnerung in den Park
und bang frage ich mich,
ob ich mein Herz wohl wiederfinde?
Es war eine Eiche stark und fest
ein mächtiger Baum unter hundert,
er hatte ein ausladendes Geäst
wir haben den Riesen bewundert.
Und unter seinem Blätterdach,
da haben im Moos wir gelegen,
in den blauen Himmel geschaut,
wo Wolken zum Träumen einluden,
doch wir waren hellwach
und haben uns Amor hingegeben.
Der Sturm hat den Baum gefällt
und aus seinem gebrochenen Holz
hat ein Mann eine Wiege gebaut
für seinen erstgeborenen Sohn
am Fenster zum Park aufgestellt.

Ohne Dich

Mein Leben
hält still,
ich atme,
esse und trinke,
ich schlafe,
schreibe und male,
fast wie immer,
aber das ist
kein Leben
ohne Dich.

139

Vesna

Vesna heißt
Frühling
und ein Kaufhaus
in Moskau.
Frühling ist
Erwachen und
Magie
in der Natur,
unendlich Erblühen.
Erwachen
von Gefühlen
und Wünschen
nach Zärtlichkeit
und Nähe.
Frühling
heißt der große
Zauberer,
der Herzen
weit öffnet
und Träume
wahr werden lässt,
manchmal
in Moskau.

141

Weltwortspiel

Weltall,
allen die Welt.
Weltbild,
Bildung für die Welt
und Bilder von der Welt.
Weltbürger
für eine Bürgerwelt.
Weltfrieden
für eine friedvolle Welt.
Weltsprache
gegen Sprachlosigkeit.
Weltraum
Raum für jeden.
Weltgeschichte
als Welterbe.
Weltwunder,
Wunder der Natur
und des Geistes.
Weltkarte
ohne Grenzen.
Weltmeere
mehren und
ernähren die Welt.

Herzen

Ich habe dein Herz
gestern Nacht gestohlen
und trage es bei mir,
tief in meinem Herzen
durch Raum und Zeit.

Mein Herz zersprang,
stand still in der Nacht,
um mit deinem Herzen
im Gleichklang zu schlagen
ohne Raum und Zeit.

Nun blutet mein Herz,
es scheint zu brechen,
weil du, mein liebes Herz,
mich ohne ein Wort
so herzlos verlassen hast.

Der große Wagen

Spann die Pferde
vor den großen Wagen,
mein liebes Kind
und lass uns jagen
zu den Sternen,
die fern und kühl
wie deine Lippen sind.

Lass die Pferde
vor den großen Wagen,
mein liebes Kind
endlich traben
und uns forttragen
mit dem Wind
Haut an Haut ins All.

Jag die Pferde
vor den großen Wagen,
mein liebes Kind
nicht mit der Peitsche
so geschwind,
denn ich will dich spüren
bis der große Wagen
im Morgenrot verglimmt.

Im Birkenhain

Wiegen sich
wie schlanke Maiden
Birken dort
im lichten Hain.

Rauschen sanft
so ganz bescheiden
ihre Blätter
zartgrün fein.

Wispern leis
von Amors Treiben
schon im Mai
im Abendschein.

Weinen still,
wenn Paare schneiden
Herzen tief
in ihre Rinde ein.

Hochzeit im Weizen

Der Mohn
flammte so feuerrot
als Blumenkranz
im blonden Haar,
das über deine
nackten Brüste fiel.

Der Sommerwind
umkoste dich,
wie Eva hingestreckt
im goldenenFeld
wogenden Weizens.

Die Abendsonne
floss so golden
über deinen Leib
so unverhüllt
vor ihren Strahlen.

Der Sternenchor
sah wolkenlos
in milder Nacht
uns hingestreckt
im kleinen Tod.

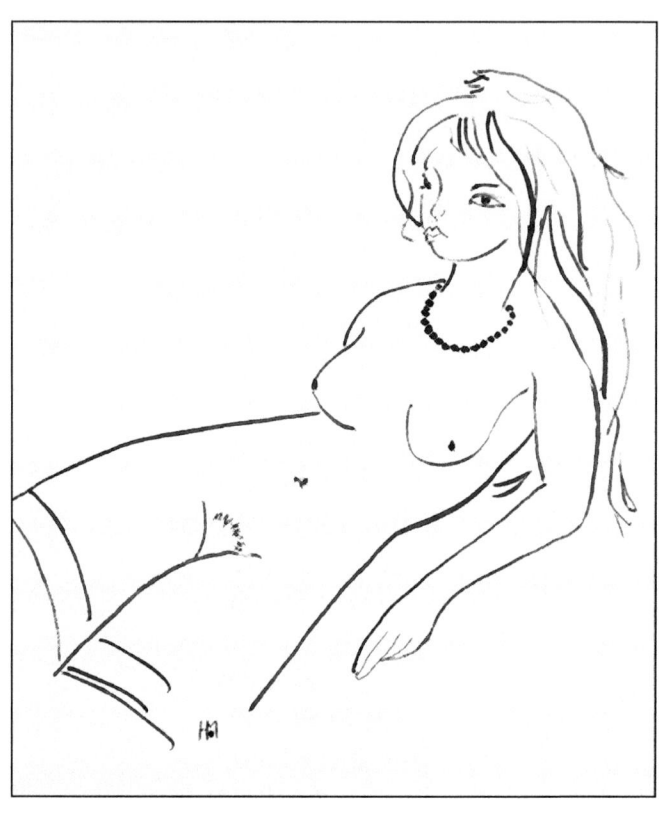

150

Nachtgedanken

Alles schläft
im Schein des Mondes
und meine Gedanken
verfangen sich
im Dickicht
der Erinnerungen.

Du bist hier
verschwommen nur
und dennoch sehe ich
wie dein Leib
sich wölbt
schwer an Früchten.

Der Morgen naht
und schon im Traum
erscheint mir
ein Mädchen
zart wie schön,
dein Ebenbild.

2018

Hundert Jahre
Schleier des Vergessens
über Giftgastot und
Granatenhagel,
zerfetzte Erde
bei Sedan und
dicke Berta,
Seemansgrab
mit Panzerkreuzer
im Ärmelkanal,
Leichenberge
und Kriegsinvaliden,
Kaiserabdankung
und Kohlrübenwinter.
Von Reichwehr
gegen Matrosenräte,
Liebknecht auf
dem Eosanderpartal,
Republikversuch.
Ein Jubiläum
der Schande
und der Hoffnung
auf Frieden,
in einer Welt,
A-Bomben bestückt,
unbelehrbar.

Wenn ich tot bin

Wenn ich tot bin, Liebste,
grabe meine Asche ein
unter einer jungen Birke.
Lass keine traurigen Lieder spielen
und pflanze mir keine Rose.
Lass grünes Gras sprießen
über mir und wenn du willst,
erinnere dich, wie wir hier lagen
zwei vereint oder vergiss es.

Die Sonne,
die deine Haut streichelt,
werde ich nicht sehen
und den Regen nicht,
der deine Tränen verdeckt.
Und die Nachtigall,
die unsere Nächte teilte,
werde ich nicht mehr hören
in ewiger stummer Dämmerung
ach, vergiss es.

Im Lenné-Park

Wenn der Wind
sich müde niederlegt
und am Firmament
die Sterne funkeln
steigt um Mitternacht
eine Elfe aus dem Teich
weißer Schatten
aus dem Dunkeln.

Wenn die Wolke
geht auf die Reise
und der Silbermond
die düstre Nacht erhellt
erklingt der Elfe
traurig schöne Weise
silberglöckchen klar.

Wenn ihr Gesang
den Park durchdringt
schweigt der Wind
im Blätterwald.
Zauberklang
ergreift das Herz,
folgt dem Nymphenwink
ins kühle Grab.

Schwarze Augen

Schwarze Augen,
leidenschaftlich schön,
gefährliche Blitze
verwunden das Herz.

Schwarze Augen,
gefährlich und strahlend
entzünden das Feuer,
nimm dich in Acht.

Schwarze Augen
umflorte und sanfte
aus fernen Ländern
veheißen das Glück.

Schwarzen Augen,
so blitzend und lockend,
besuchen die Träume
als magische Macht.

Schwarze Augen,
sinnlich und leuchtend
bringen kein' Frieden
dem Herz, das liebt.

158

Russisches Brot

Duft der Erde
reifer Körner,
goldne Wogen
grenzenlos.

Heißer Ofen
Zar der Kate
sanftes Feuer
backt das Brot.

Teure Gäste
stets willkommen
auf der Schwelle
Brot und Salz.

Tag der Ernt
Fest der Freude
Brot und Wein
Reich gedeckt.

Russisches Brot
auf jeden Tisch,
Zeit des Hungerns
eingedenk.

160

Alles vorbei

Zeit vergeht
und kürzer
wird der Pfad
des Lebens.

Ruhe sucht
die arme Seele
matt und müde
oft vergebens.

Alles vorbei,
die Schmerzen
und Wonnen
der Liebe.

Das Zittern
des Herzens
weltentrückt
im ersten Kuss.

Meine Welt

Meine Welt
Ist unendlich
und freundlich
und fremd.

Meine Welt
gehört allen
und dennoch
mir ganz allein.

Meine Welt
Ist friedlich
ohne Platz
für Krieger.

Meine Welt
existiert nicht,
sie ist Traum
meiner Seele.

Zigeunerfeuer

Abends am Feuer
weint die Geige,
dumpf heult dazu
ein Tamburin.
Zu den Klängen
wiegt sich
ein Mädchen
glutvolle Augen
lächeln dich an.

Hier an der Straße
in ihrem Lager
singen die Männer
traurige Weisen
knistert das Feuer,
stampfen die Pferde
bis in den Morgen
fließt der Wein.
Und die Schöne
liegt in den Armen
eines anderen.

Sommer

Barfuß am Strand gehen,
faul in den Dünen liegen
und in den Himmel sehen
ist ein Sommervergnügen.

In lauen Nächten wachen
und die Geliebte spüren,
ein Lagerfeuer anfachen,
zum Träumen verführen.

Der Nachtigal lauschen
und dummes Zeug fragen,
Worte und Küsse tauschen
und noch viel mehr wagen.
Das ist Sommer!

Mitternacht

Vom Turm die Uhr
schlug Mitternacht
vom Glockenton
der weithin schallt
bin ich erwacht.

Ein Nixenfräulein
elfengleich und bloß
trug nur ein Kleid
aus grünem Tang und
Seerosen im Schoß.

Mit grünen Augen
tief und groß
und Zaubergesang
zum Verführend taugend
nahm sie meine Hand.

Sie löste sanft
ihr Pflanzenkleid
und lächelte dazu.
Die Schöne fror
Und tat mit leid.
Mit meinem Hemd
Deckt' ich die Nixe zu.

Frivoler Regen

Sanfte Tropfen
fallen nieder,
zartes Klopfen
unterm Mieder.

Warmer Regen
nässt das Kleid
und verlegen
schaut die Maid.

Kühnes Nass,
das sie so küsste,
zeigt das Maß
ihrer Brüste.

Leichtes Nieseln
frech enthüllt,
was der Hübschen
Blüschen füllt.

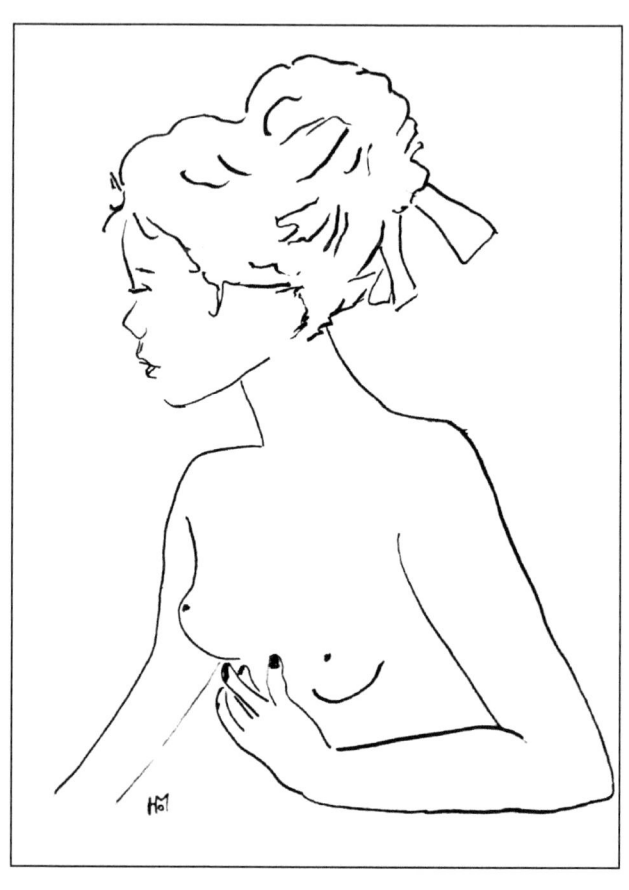

170

Pilgerwege

Wunde Füße auf dem Pfad
quer durch ausgedörrtes Land
geleitet von der guten Tat
und geführt von Gottes Hand.

Tag um Tag bis in die Nacht
laben sie sich an den Quellen
bis die Abendglocke sacht
sie dann lockt in karge Zellen.

Berge, Täler manche Hürde,
über die sie sich nun quälen
mit der vielen Sünden Bürde
oder auch mit reinen Seelen.

Einsamkeit und Stillewerden
und so eigne Grenzen spüren
Pilgerlos auf fremden Erden
gastlich laden offne Türen.

Meine Verse

Meine Verse
sind eine Reise
durch die Welt
voller Gefühlen
und Gedanken
und sie verraten
mehr von mir
als mein Pass.

Meine Verse
verstauben einst
in den Regalen
der Bibliotheken
und kein Herz
berühren sie
einfach vergessen
und unberührt.

Das ewige Feuer

Am roten Kreml Gemäuer
im Park des Alexandergarten,
da liegt ein Hochzeitsbukett,
an der Flamme ewigen Feuer,
bewacht von jungen Soldaten.

Das ist seit Jahren hier Brauch
im Andenken an alle Verwandten
die einst in Feuer in Rauch
des grausamen Krieges verbrannten,
getötet von deutschen Soldaten.

Und unter dem roten Granit
liegen gebettet Gebein
eines Helden der verschied
von Mutter und Braut beweint,
gefallen als unbekannter Soldat.

Zum roten Kreml-Gemäuer
kommen auch deutsche Touristen,
sie filmen die Wache, das Feuer
und haben nichts gegen das Rüsten
für Deutschlands Nato-Abenteuer.

Der Storch

Grafitätisch
und forsch
schreitet
ein Storch
durch Wiesen
und Auen
nach Jungfern
zu schauen.
Mädchen
liebe, reine
hütet euch,
dem Adebar
zu trauen,
bleibt fern
und keusch,
sonst macht
er euch sofort
zu Frauen.

Schönheit der Mütter

Ein Moment
voller Zauber
und Hingabe,
rührend
in Zartheit
und Fürsorge,
wenn Mütter
Kinder stillen,
schöner werden
zu Madonnen.
Wenn sie
dann schreien,
die Kleinen
singen sie
alte Weisen,
mit kindischen Worten
wiegen sie
zart liebkosend
und behütend
lallende Kinder
in den Schlaf.

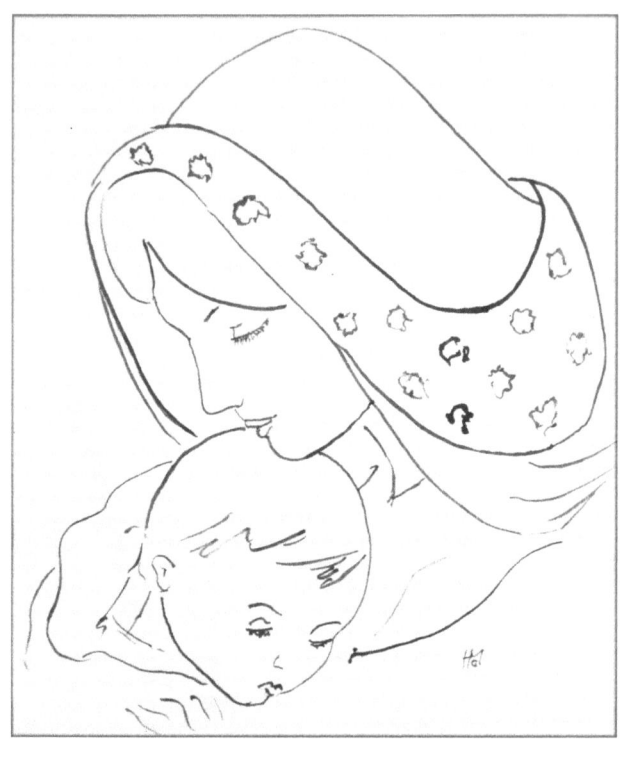

Das Jahr 1941

Als der Feldmohn blühte
und der Weizen ährenschwer
sich zur Erde neigte
und das Land verglühte
in dem Flammenmeer,
ist das Spielen gestorben
der Kinder des Rus
unter den blanken Stiefeln
germanischer Horden
im weiten fremden Land.

Schorfheide

Buchenforsten,
Adlerhorsten,
Silberseen,
Birkenalleen,
Wildschweinrotten,
Segelflotten,
Kiefernwälder,
Weizenfelder,
Kranichzüge,
Ballonflüge,
Eiszeithügel,
Wildgeflügel,
Jagdrevier,
Barnims Zier.

Auf was die Russen anstoßen

Bruder, sag einen Trinkspruch auf,
trocken sind längst unsere Kehlen.
Grund zum Trinken gibt's zuhauf
erstmal auf die verblichenen Seelen.

Stehend und bis auf den Grund,
so werden sie von uns geehrt,
wer nicht mittrinkt ist ein Hund
und auch keine Kopeke wert.

Auf die Frauen lasst uns trinken,
wenn sie uns auch plagen,
der soll in den Boden versinken,
Schlechtes übers Weib zu sagen.

Lasst die Gläser hell erklingen
auf das Wohlergehn mit Jubel,
die in dieser Runde singen,
Freunde zählen mehr als Rubel.

Und dann wird noch angestoßen
auf den Zaren aller Reussen,
auf Peter, Peter den Großen,
der auch Liebe fand bei den Preußen.

Doch vergesst die Kinder nicht
und beschüzt stets ihr Lachen,
dass es ihnen an nichts gebricht,
Besseres als sie ist niezu machen.

Und so waren sie bald betrunken
von den Dingen die sie ehren
und unter den Tisch gesunken,
Gutes kann niemand verwehren,

184

Meine Zeit

Ich liebe es,
in die Wellen zu schauen,
dem Meeresrauschen zu lauschen
und Luftschlösser zu bauen.

Ich liebe es,
am Strand zu liegen
und in die Wolken zu starren,
mich in Träumen zu wiegen
und auf die Sonne zu harren

Das ist die Zeit
der gesuchten Einsamkeit,
wenn das Dünengras
noch vom Nachttau nass
und nur eine Möve schreit,
das ist meine Zeit.

Rabenbesuch

Gestern hatte ich einen Traum,
der mich total verwirrt,
ein Rabe saß auf einen Baum,
hatte sich nicht verirrt.
Er war gar lustig anzuschaun
nicht gerade wie ein Rabe,
weiß statt schwarz war sein Flaum,
blass und ohne jede Farbe.

Mit schiefem Kopf
sah er mich seltsam an
und streckte seinen Kropf:
Natürlich bin ich kein Schwan,
krächzte er recht laut.
Ich hab' mich nur mal umgesehn
das ist doch wohl erlaubt,
ich flog nur im Vorübergehn
zu meiner schwarzen Braut.

Ikarustraum

In die Sonne zu fliegen,
die Angst zu besiegen,
es jedenfalls wagen,
ohne lange zu zagen,
auf Flügeln der Gedanken
aufsteigen ins Nichts,
ohne zu schwanken
und ohne zu fragen,
werden sie mich tragen,
meine Schwingen
aus Sehnsüchten und Ideen,
wird es gelingen?
Wir werden es sehn.
Antwort auf die Frage
erfahre ich nur,
wenn ich zu fliegen wage.

Erblühende Rose

Der Kelch
in zartem lindengrün
verbirgt die Blüte züchtig,
doch bald schon
strebt sie aufzublühn
sie ist so sonnensüchtig.

Und Blatt um Blatt
in purpurrot
beginnt sie zu erblühen,
um irgendwann
in ihrem Mieder
noch immer hell zu glühn.

Wo Rosenknospen
zart rosarot
unter recht feinen Spitzen
nicht keusch verhüllt
auf zarten Apfelhügeln
uns liebevoll anblitzen.

Der eitle Spatz

Ein Spatz
an meinem Fenster saß
die Morgenkörner pickte
und spiegelte sich im Glas
was ihn wohl sehr entzückte.

Der Spatz
balzte ganz selbstbewußt
und wollte imponieren
mit stolz geschwellter Federbrust
vor allen anderen Tieren.

Der Kater
schlich zur Fensterbank
und fand das recht vermessen
doch durch die Scheibe blitzeblank
konnt' er den Spatz nicht fressen.

Der Spatz
an seinem Futterplatz
schilpte nur schadensfrech
und rief herbei seinen Schatz
zum vollen Futterblech.

193

Aktmalerei

Rubens,
der gern Frauen malte
und mit ihren Formen prahlte,
formte alles voller Lust
Becken, Hinterteil und Brust.

Renoir
liebte auch die Frauen,
ohne sich zu sehr zu trauen
bei den kleinen, feschen, runden,
sehr zu wuchern mit den Pfunden.

Klimt
wählte bei seinen Frauen,
die aus seinen Bildern schauen
oft die Königsfarbearbe Gold,
unerreichbar, keusch und hold.

Picasso
liebte pralles Leben
unverhüllt wiederzugeben,
ob bei Huren oder Nonnen,
Eros liebte voller Wonnen.

Hexenwaage

In Holland ward ungelogen
jede heranwachsende Maid
in Oudewater aufgewogen.
So wollte man einst erkennen,
wenn sie viel zu wenig wiegt,
dann sollte sie verbrennen,
weil sie vielleicht als Hexe fliegt.

197

Meine Träume

Ich schick
meine Träume
auf die Reise,
wie ein Vogel
in der Nacht.

Ich lausche
in die Stille
und schau
zu den Sternen
Mond bewacht.

Ich denke
an gestern
und deine Küsse,
doch meine Verse,
hast du verlacht.

Ich weiß
wenn der Vogel
meiner Träume
zu dir fliegt,
ist auch er umgebracht.

Meine Nächte

Die Nacht ist lang allein
ohne dich und ohne Wein
mit Luzifers Gesellen,
die mir den Schlaf vergällen.

Die Dunkelheit da draußen
Ist voller grellem Licht,
da wo die Geister hausen,
ich sehe sie, du aber nicht.

Sie schreien und sie stinken
gehörnt und mit Schwänzen,
sie tanzen und sie hinken
und wollen mich bekränzen.

Am Morgen bin ich kaum erwacht
schlafberaubt durch Hexenspruch,
und fürchte schon die neue Nacht
der wilden Geister erneuten Besuch.

Mondsüchtig

Durch dunkle Wolken
zaghaft bricht
der helle Mond
mit einem Zauberlicht.

Mit zartem Nebelglanz
er Silbernetze flicht
zum Nixentanz
schimmernd schlicht.

In magischer Helle
und betörend Rosenduft,
der kupplerische Geselle
erweckt die Liebeslust

Guter Mond, so wanderst du
rastlos still jahrein jahraus,
gibs't nimmermüde keine Ruh
in mancher Mädchen Haus.

Lehrerin als Dirne

Sie kam aus der Ukraine
mit einemverlockenden Versprechen,
Maria, die Musiklehrerin aus Charkiv,
an ihr geschah brutal ein Verbrechen.

Sie nahmen ihr Pass und Würde,
haben sie entehrt und gedroht,
sei still, wir wissen wo die Familie wohnt
und machten sie zur Dirne so,
die Stützen von Petroschenko.

Sie grüßen „Heil Hitler" und
tragen gefährliche Waffen,
und wer sich ihnen in den Weg stellt,
wird einfach tot gemacht
von diesen Bestien in der Nacht.

Oxana, die Lehrerin aus Charkiv,
konnte die Pein nicht ertragen,
niemand hörte ihr Weinen Klagen
da hat sie ihre Peiniger angelacht
und sich fern ihrer Kinder
und der Heimat Charkiv umgebracht.

Taigaabend

Trüb die Sonne rasch versank,
fern im dichten Wolkengestade
zu dem Schlittenglöckchenklang
krächste mürrisch nur ein Rabe.

Grimmig frostig weht der Nordost
zwischen Zedern steif wie Säulen,
beißt ein grimmig kalter Frost,
nah hört man die Wölfe heulen.

Landschaft wie Leichentuch,
weiß, so weit das Auge reicht,
endlos Taigaweite ist ein Fluch,
Schnee über die Troyka streicht.

So unwirtlich die Taiga scheint,
reich ist sie, voller Zauberbann,
sie ist nicht des Menschen Feind
und zieht uns immer wieder an.

Gottvater selbst hat hier geruht,
als er die Erde brachte hervor
und aus dem Sack kostbares Gut,
Edelsteine und Erze verlor.

Verona

Italiens
schönste Tochter
Verona
lebt mit der
romantische Legende
von Romeo
und Julia.

Die Etsch
umarmt die alte Stadt,
In der sich
im Stall Capello
die tragische Romanze
einer großen Liebe
zugetragen hat.

Zwei Familien
auf den Degen
blutig vefeint,
die Capulets
und Montagues
erst mit der Kinder
Tod vereint.

Gulietta
in Bronze lebensgroß
steht nun
dank Shakespeare
und Costantinis Vision
zwischen heilgen Wänden
mit jugendlicher
Reinheit
unter dem Balkon.

Den Blick
keusch gesenkt,
ist Julia,
Legende oder wahr,
die reine Unschuld
und Symbol
der unsterblichen Liebe
bis in den Tod
Ideal für jedes Paar.

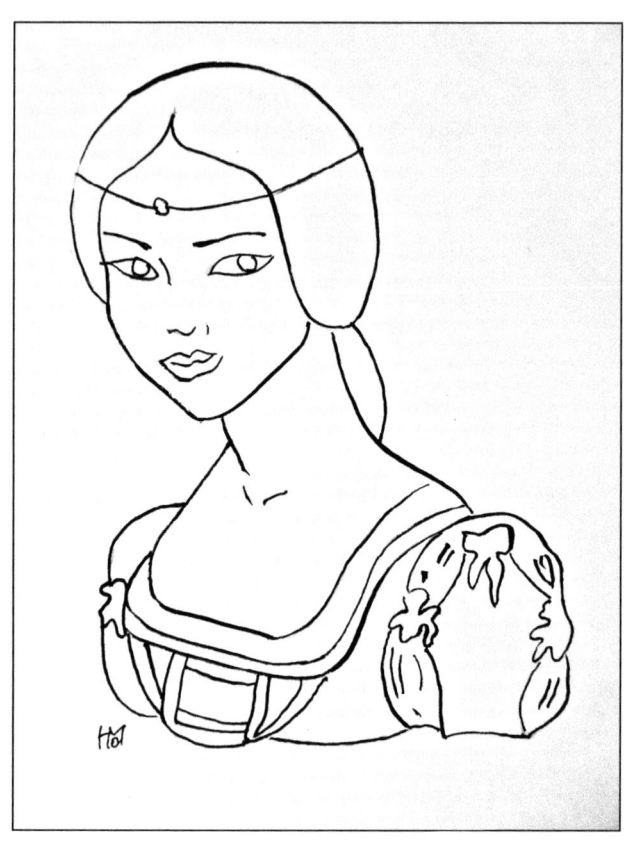

Im Schneesturm

Es war bei Ikutsk
mit dem Troikagespann,
der Tag ging schon zur Neige,
als ein wilder Schneesturm begann,
der Wind peitschte die Zweige.

Über dem Baikal
türmten sich schwarzdrohend
die Wolken zu mächtigen Türmen
und verdeckten die Sterne.
Es hörte nicht auf zu stürmen
und das Ziel lag in weiter Ferne.

Auf der Angara
unter dickgläsernem Eis
rauschte das Wasser gefangen,
die Welt war versunken in puderweiß
der Frost biß uns in die Wangen.

Der trübe Mond
War nur ein heller Fleck
in hohen Wolkenbergen
und leuchtete uns nicht den Weg
der uns rettet vor dem Sterben.

Weitere Publikationen des Autors:

„**Moskauer Venus**" - Tagebuch eines Herumtreibers (unter dem Pseudonym Genadij Neshin) ISBN 3-8334-4474-6

„**Ein Haus so himmelblau**" - Ein Maler- und Liebesroman - ISBN 978-3-8423-9839-9

„**Palette Russlands**" Repin-Romanbiografie I. Band - ISBN 978-3-7322-2643-6 „**Das Russlandgemälde**" RepinRomanbiografie II. Band ISBN 978-3-7357-4597-**2 „Die Farben der russischen Seele**" RepinRomanbiografie III. Band ISBN 978-3-7412-4909-9

Kurzgeschichten „**St. Petersburg, mon amour!**" ISBN 978-3-7357-5266-6
„**Moskau, meine Trauer!**" ISBN 978-3-7386-8827-6
„**Moskau, fremde Schöne!**" ISBN 978-3-7386-9723-0
„**St. Petersburg, so kühl wie schön!**" ISBN 978-3-7392-7611-0
„**MOCKBA und die Moskauer**" ISBN 978-3-7448-4351-5
„**Puschkins Wiedergeburt**" ISBN 978-3-7528-6953-8

Lyrik „**Liegengelassenes Aufgehoben**" ISBN 978-3-7412-1395-3
„**Vom Wegesrand gepflückt**" ISBN 978-3-7528-7056-5

Nicht ganz ziellos unterwegs

Seit nunmehr 42 Jahren reise ich kreuz und quer durch Europa und Russland.

Ich bin unterwegs, in Welten und Träumen, seit Jahrzehnten, auf der Suche nach Glück, Geborgenheit, nach interessanten Menschen, einem Land, das Ruhe bietet und die Chance, Fähigkeiten und Talente zu entfalten. Einem Land, in dem die Natur intakt ist und die Menschen freundlich und hilfsbereit sind. Einem Land, wo die Kunst einen hohen Stellenwert hat und der Freude dient. Einem Land, wo nicht Geld die Sonne am Himmel ist, sondern der schöpferische Mensch im Mittelpunkt von Politik und Wertschätzung steht. Einem Land, das die Schätze der nationalen wie europäischen Kultur vorurteilsfrei bewahrt und mehrt. Einem Land, in dem Kinder sorglos und unbehelligt aufwachsen, kostenlos betreut werden, angstfrei zur Schule gehen, wo sie auf ein ereignisreiches Leben sensibel von sehr klugen Leuten vorbereitet werden. Einem Land, in dem ehrliche und gute Arbeit jedweder Art gleich wert ist. Einem Land, in dem Extreme ob in der Politik, Kultur und Lebensweise ohne Nährboden sind und jeder des Anderen Lebensform toleriert. Und schließlich bin ich ein Suchender, ein noch immer kindlich Neugieriger, unterwegs im Studium der Charaktere, unterwegs zu literarischer Wahrheit und als bescheidener Freizeitmaler zu Motiven, Farben und Formen und der Beherrschung von Techniken, kurz gesagt, unterwegs... auf der Suche zu mir selbst!

Titelgemälde und alle Ink-Sketches- und Drawings: Hartmut Moreike212